글 박성우

1971년 전북 정읍에서 태어났습니다. 2000년 중앙일보 신춘문예에 시가 당선되고, 2006년 한국일보 신춘문예에 동시가 당선되며 작품 활동을 시작했습니다. 시집 『거미』『가뜬한 잠』『자두나무 정류장』, 동시집 『불량 꽃게』『우리 집 한 바퀴』『동물 학교 한 바퀴』, 청소년시집 『난 빨강』『사과가 필요해』, 산문집 『박성우 시인의 창문 엽서』, 그림책 『암흑 식당』을 냈습니다.

그림 김효은

대학에서 섬유디자인을 전공했고 입필미래그림연구소에서 공부했습니다. 그동안 그림책 『나는 지하철입니다』를 쓰고 그렸고, 『기찬 딸』『비 오는 날에』『별이 뜨는 꽃담』『우리가 걸어가면 길이 됩니다』『민지와 다람쥐』『내 모자야』『오빠와 나』『앵그리 병두의 기똥찬 크리스마스』 등에 그림을 그렸습니다.

아홉 살 마음 사전

2017년 3월 10일 초판 1쇄 발행
2025년 8월 25일 초판 132쇄 발행

글쓴이 박성우 • 그린이 김효은 • 펴낸이 염종선 • 책임편집 유병록 • 디자인 반서윤 • 조판 황숙화
펴낸곳 (주)창비 • 등록 1986. 8. 5. 제85호 • 제조국 대한민국 • 주소 10881 경기도 파주시 회동길 184
전화 031-955-3333 • 팩스 031-955-3399(영업) 031-955-3400(편집)
홈페이지 www.changbikids.com • 전자우편 enfant@changbi.com

ⓒ 박성우, 김효은 2017
ISBN 978-89-364-4701-4 73710

• 이 책 내용의 일부 또는 전부를 재사용하려면 반드시 저작권자와 창비 양측의 동의를 받아야 합니다.
• 책값은 뒤표지에 표시되어 있습니다. • KC마크는 이 제품이 공통안전기준에 적합하였음을 의미합니다.
• 사용 연령: 5세 이상 • 종이에 베이거나 긁히지 않도록 주의하세요.

아홉 살 마음 사전

박성우 글 | 김효은 그림

창비

마음 사전 사용법

자신의 마음을 말로 표현하는 건 어렵습니다. 자기 마음이 어떤지 정확하게 알지 못해서이기도 하지만, 마음을 표현할 말을 알지 못하기 때문이기도 합니다.

『아홉 살 마음 사전』은 '감격스럽다'부터 '흐뭇하다'까지 마음을 표현하는 말 80개를 가나다순으로 소개한 책입니다. 감정 표현을 활용하는 상황을 그림과 함께 보여 주면서 그 뜻을 이해할 수 있도록 했습니다.

내 마음을 표현하는 말

마음을 표현하는 말의 뜻

흐뭇해

마음에 들어 기분이 흐뭇하다. **흐뭇하다**

어려운 숙제를 다 했을 때의 마음.
'역시, 나는 좀 대단한 것 같아.'

🌷

1년 동안 지각이랑 결석을 한 번도 하지 않았을 때의 마음.

🌷

숨은그림찾기에서 숨은 그림을 다 찾았을 때 드는 마음.

어질러진 방을 깨끗하게 청소했어.
'청소 끝.'

표현을 활용할 만한 상황

같은 말로 마음을 표현할 수 있는 상황들

차례

마음 사전 사용법 · 2

ㄱ-ㄴ

감격스럽다 · 6
걱정스럽다 · 8
고맙다 · 10
괜찮다 · 12
괴롭다 · 14
궁금하다 · 16
귀엽다 · 18
그립다 · 20
기쁘다 · 22
나쁘다 · 24
놀라다 · 26

ㄷ-ㅁ

다행스럽다 · 28
달콤하다 · 30
답답하다 · 32
당황스럽다 · 34
두렵다 · 36
따분하다 · 38
무겁다 · 40
무섭다 · 42
미안하다 · 44
밉다 · 46

ㅂ

반갑다 · 48
벅차다 · 50
보고 싶다 · 52
부끄럽다 · 54
부담스럽다 · 56
불쌍하다 · 58
불안하다 · 60
불쾌하다 · 62
불편하다 · 64
불행하다 · 66
뿌듯하다 · 68

ㅅ

사랑하다 · 70
산뜻하다 · 72
상쾌하다 · 74
상큼하다 · 76
서럽다 · 78
설레다 · 80
속상하다 · 82
슬프다 · 84
신기하다 · 86
신나다 · 88
심술 나다 · 90
쓸쓸하다 · 92

ㅇ

아프다 · 94
안쓰럽다 · 96
안타깝다 · 98
야속하다 · 100
어이없다 · 102
억울하다 · 104
얼떨떨하다 · 106
예쁘다 · 108
외롭다 · 110
용감하다 · 112
우습다 · 114
울적하다 · 116
원망스럽다 · 118
유쾌하다 · 120

ㅈ-ㅊ

자랑스럽다 · 122
정겹다 · 124
조마조마하다 · 126
좋다 · 128
즐겁다 · 130
짜증스럽다 · 132
찜찜하다 · 134
찡하다 · 136
창피하다 · 138
철렁하다 · 140
초조하다 · 142

ㅌ-ㅎ

통쾌하다 · 144
편안하다 · 146
평화롭다 · 148
행복하다 · 150
허무하다 · 152
허전하다 · 154
허탈하다 · 156
화나다 · 158
후련하다 · 160
훈훈하다 · 162
흐뭇하다 · 164

감격스러워

씨앗을 심은 화분에서 싹이 돋았어.

뿌듯하거나 기뻐서 가슴이 뭉클해지다.　**감격스럽다**

"똑똑히 봤지? 내 뒤에 두 명이나 있던 거!"
달리기 시합에서 꼴찌만 하다가 드디어 3등을 했을 때의 마음.

'역시 난 머리가 나쁘지 않아.'
2단도 못 외우다가 구구단을 다 외웠을 때 드는 마음.

말썽꾸러기인 내가 선생님한테 칭찬받을 때의 마음.

걱정스러워

과자 사러 간 동생이 오지 않아서 슈퍼로 달려갔어.

"아직도 과자를 고르고 있으면 어떡해?"

걱정이 되어 편하지 않다. **걱정스럽다**

숙제를 하지 않고 학교에 가는 마음.

노래를 못하는데 친구들 앞에서 노래를 불러야 할 때 드는 마음.

해열제를 먹어도 동생의 열이 내려가지 않을 때의 마음.

고마워

"와, 공주님 방 같아."

엄마가 내 방에 커튼을 달아 주었어.

남이 친절하게 대해 주거나 도움을 주어서 흐뭇하고 즐겁다.　　**고맙다**

"필요한 거 있으면 말해. 나도 빌려줄게."

짝꿍이 지우개를 빌려줄 때 드는 마음.

더러운 손톱을 단정하게 깎아 준 아빠에게

뽀뽀를 해 주고 싶은 마음.

누나가 만들기 숙제를 도와줄 때 드는 마음.

괜찮아

넘어졌지만 많이 다치지는 않았어.

아프지만 울지 않고 참았지.

걱정이 되거나 문제가 될 것이 없다. **괜찮다**

'다음엔 꼭 님을 서야.'

뜀틀은 못하지만 그래도 줄넘기는 잘한다고 생각하는 마음.

○

'조금만 더 가면 집이니까.'

우산이 없지만 비를 맞으며 집으로 뛰어갈 때의 마음.

○

비록 이번 시험을 망쳤지만

다음엔 잘 봐야겠다고 다짐하며 웃는 마음.

괴로워

방문을 닫아도 엄마와 아빠가 싸우는 소리가 들려.

이불을 뒤집어써도 계속 들려.

아프고 힘들다. **괴롭다**

거짓말한 것도 모르고 엄마가 칭찬할 때의 마음.

'사실대로 말한건······.'

감기에 걸려서 기침이 멈추지 않고 나올 때의 마음.

'아, 이제는 콧물까지 나오네.'

싫어하는 동네 형이 자꾸 같이 놀자고 할 때 드는 마음.

궁금해

마다가스카르가 어디에 있는지 알고 싶어서

지구본을 돌려 보았어.

모르는 것을 알고 싶어서 몹시 답답하다. **궁금하다**

언니와 싸운 날 언니 일기장을 펴 보고 싶은 마음.
'내 욕을 잔뜩 써 놓지는 않았겠지?'

⋈

상추에서 나온 달팽이를 베란다 화분에 올려놓았는데
어디론가 사라졌을 때 드는 마음.
'도대체 어디로 간 거지?'

⋈

아빠가 싼 여행 가방을 열어 보고 싶은 마음.

귀여워

새끼 고양이를 안아 주고 싶어.

행동이나 생김새가 사랑스럽다. **귀엽다**

"형아 안아 줄까?"
씨익 웃는 아기의 볼을 만져 보고 싶은 마음.

💧

새끼 토끼가 내가 주는 풀을 냠냠 먹을 때 드는 마음.

💧

거울을 보다가 두 번째 손가락 끝을 볼에 대고 웃는 마음.

그리워

"추석 때 꼭 갈게요."

시골에 사는 할머니가 보고 싶어.

보고 싶거나 만나고 싶다.   **그립다**

'누 밤만 더 자면 아빠가 오네.'
출장 간 아빠가 돌아오는 날에 쳐 놓은 동그라미를
오래오래 바라보는 마음.

추운 겨울날에 신나게 물놀이하던 여름을 떠올려 보는 마음.
'아이, 추워. 바다에서 물놀이하던 때가 생각난다.'

방학 동안 보지 못한 친구가 보고 싶은 마음.

기뻐

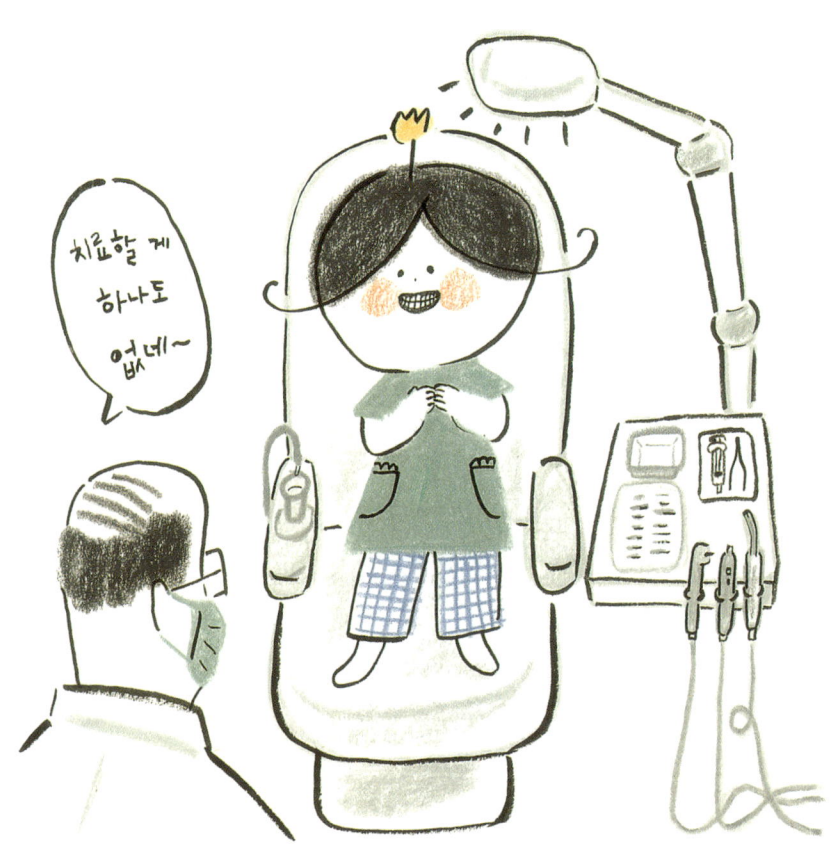

치과 의사 선생님이 충치가 없다고 말해 주었어.

바라는 일이 이루어져 기분이 좋고 즐겁다. **기쁘다**

"일곱, 여덟, 아홉, 열, 열하나……. 와아!"
처음으로 줄넘기를 열 개도 넘게 했을 때의 마음.

좋아하는 친구의 생일 파티에 초대받았을 때 드는 마음.

퇴근하는 아빠가 들고 온 케이크를 보고 폴짝폴짝 뛰는 마음.

나빠

급식을 먹으려고 기다리는데
다른 친구가 새치기를 했어.

마음이나 기분이 좋지 않다. `나쁘다`

영철이가 내 흉을 봤다는 이야기를
다른 친구에게 전해 들었을 때의 마음.

민우가 자꾸 다른 친구를 괴롭힐 때 드는 마음.
"야, 왜 친구를 못살게 구니?"

친구가 나한테 말도 안 하고
내 가위를 몰래 가져다 쓸 때의 마음.

놀라

'와, 토끼가 새끼를 낳고 있어!'
신기한 모습을 보고 저절로 눈이 커져.

뜻밖의 일이어서 가슴이 두근거리다. **놀라다**

자동차를 운전하는 아빠가 갑자기 브레이크를 밟을 때의 마음.

"아빠, 조심히 운전해."

바퀴벌레를 보고 소리를 지르는 마음.

"으악, 바퀴벌레아!"

골목을 돌아서 집으로 가는데
갑자기 옆집 개가 짖을 때 드는 마음.

다행스러워

깜빡 잊고 숙제를 안 했는데

선생님이 숙제 검사를 하지 않네.

생각보다 일이 잘되어 운이 좋은 듯하다. **다행스럽다**

"소풍을 갈 수 있겠어!"

밤새 내리던 비가 아침에 그쳤을 때의 마음.

잃어버린 지갑을 친구가 찾아 주었을 때의 마음.

"너 아니었으면 어떡할 뻔했니."

학교에 늦을 줄 알았는데

간신히 지각하지 않았을 때 드는 마음.

달콤해

학원에도 가지 않고 공부도 하지 않고 푹 쉬었어.
'정말 꿀맛 같은 시간이야.'

편안하고 포근하다. **달콤하다**

"나, 너 좋아해."라는 말을 떠올리는 마음.

푹신푹신한 침대에서 푹 자고 일어날 때의 마음.

정말 좋아하는 가수가 꿈에 나왔을 때 드는 마음.

답답해

민정이가 나를 좋아하는지 싫어하는지 모르겠어.

일이 잘되지 않아서 애가 타다. **답답하다**

선풍기도 에어컨도 틀어 주지 않고
덥다고 말만 하는 엄마를 바라보는 마음.

버스에 사람이 많이 타서 숨 쉬기도 힘들 때의 마음.

수학 문제를 한참 동안 들여다보았는데도
도저히 풀지 못할 때 드는 마음.

당황스러워

학교에 와서 신발을 벗다가

양말을 짝짝이로 신었다는 걸 알았어.

놀라거나 다급하여 어떻게 해야 할지 모르다.   당황스럽다

세수하고 머리 감고 친구를 만났는데
"너 세수 안 했지?"라고 물어볼 때의 마음.

○

화장실에서 응가를 하고 있는데
노크도 없이 문이 열릴 때 드는 마음.

○

분명히 주머니에 넣어 두었는데
주머니를 까뒤집어도 돈이 나오지 않을 때의 마음.

두려워

깜깜한 골목길을 지날 때
갑자기 나쁜 형들이 나타날 것만 같아.

어떤 대상을 무서워하며 걱정이 되어 불안하다. **두렵다**

누니 물긴을 몰래 가져다 쓸 때의 마음.

'누나가 몰라야 할 텐데.'

교실에서 나쁜 말을 한 뒤에 드는 마음.

'애들이 선생님한테 이르면 어떡하지?'

틀린 문제를 또 틀릴 것만 같은 마음.

따분해

재미없는 얘기를 듣다가 하품이 나왔어.

"그 얘기 말고 다른 얘기 할까?"

재미기 없어 지루하고 심심하다.　　**따분하다**

지루한 수학 시간이 좀처럼 끝나지 않을 때의 마음.

'아, 모르는 문제만 계속 나오네.'

엄마가 마트에 가다 만난 앞 동 아줌마와

30분도 넘게 수다를 떨 때의 마음.

"엄마, 나 기다리다 쓰러지겠어. 마트는 언제 갈 거야, 응?"

무슨 말인지 이해가 안 되는 두꺼운 책을 읽을 때 드는 마음.

무거워

금붕어가 죽어서 땅에 묻어 주었어.

마음이 유쾌하지 않고 활발한 기운이 없다. **무겁다**

숙제를 안 하고 학교에 가는 마음.

'오늘따라 힘이 없네.'

'상을 못 타면 어쩌지…….'

학교 대표로 글쓰기 대회에 나가면서 걱정하는 마음.

머릿속에 생각이 많아서 머리가 자꾸 숙여질 때의 마음.

무서워

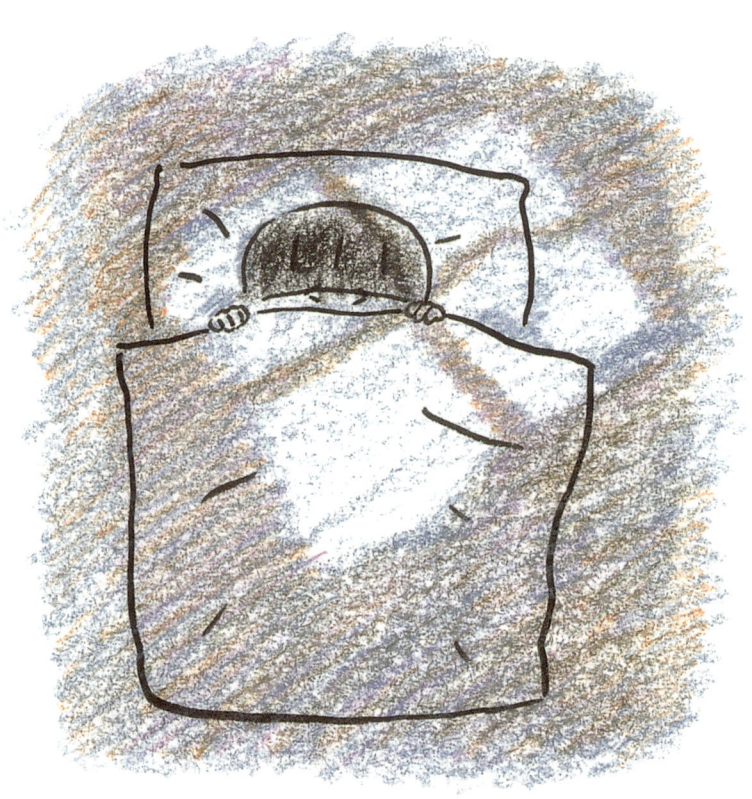

'설마, 눈도 코도 입도 귀도 없는 달걀귀신이 나오는 건 아니겠지?'
할머니한테 들은 귀신 이야기가 자꾸 생각나.

걱정하는 일이 벌어질까 봐 불안하다. **무섭다**

동물원 울타리 안쪽에 있는 호랑이가
밖으로 뛰어나올까 봐 겁내는 마음.

이불을 뒤집어쓰고 드라큘라 이야기를 읽는데
갑자기 창문이 덜컹덜컹 흔들릴 때 드는 마음.

아빠와 산에 올라가는데
풀숲에서 뱀이 나올까 봐 걱정하는 마음.

미안해

내가 잘못했는데 형이 나 대신 혼났어.

"괜히 나 때문에……."

마음이 편하지 않고 부끄럽다. **미안하다**

동생에게 색송이를 빌려주지 않은 다음에 드는 마음.

'다음엔 그러지 않을게.'

"계속 공부했어요."

신컷 놀이 놓고 엄마한테 거짓말한 뒤에 드는 마음.

친구랑 놀이터에서 만나기로 했는데

약속 시간보다 늦게 나갔을 때의 마음.

미워

"나 혼자 탈 거야!"

동생은 자기만 생각해.

마음에 들지 않거나 눈에 거슬리는 느낌이 있다. **밉다**

나쁜 짓만 골라하는 친구를 볼 때 드는 마음.
"야, 장난이 너무 심하잖아."

비싼 가방 샀다고 자랑하는 친구를 볼 때의 마음.

내 방을 엉망으로 만들어 놓은 동생을 바라보는 마음.

반가워

단짝 지은이와 2학년 때에도 같은 반이 되었어.

"너도 2반이니?"

보고 싶은 사람을 만나거나 바라던 일을 이루어 즐겁고 기쁘다. **반갑다**

엄마랑 친척 집에 간다던 친구가 우리 집에 놀러 올 때의 마음.

"누구세요?"

"나, 정민이야."

나를 보자마자 꼬리 흔들며 달려오는 강아지를 끌어안는 마음.

"뚜뚜야, 그동안 잘 놀았어?"

새로 전학 온 친구를 환한 얼굴로 맞아 주는 마음.

벅차

우리 반을 대표해서 상을 받았어.
'친구들 앞에서 상을 받게 되다니.'

기쁨이나 희망이 넘칠 듯이 가득하다. **벅차다**

꿈이 생겨서 가슴이 쿵쾅쿵쾅 뛰는 마음.
'그래, 나는 멋진 간호사가 될 거야.'

그림도 없는 두꺼운 책을
끝까지 다 읽어 냈을 때의 마음.

태권도 승단 시험에서 검은 띠를 땄을 때 드는 마음.

보고 싶어

잠자려고 눈을 감고 누워도

얼굴이 아른아른 떠올라.

그리워하는 마음을 갖고 있다. `보고 싶다`

출장 간 엄마에게 전화하는 마음.

"엄마, 잘 지내지? 내일은 꼭 오는 거 맞지?"

시골에 사는 할머니한테 달려가 안기고 싶은 마음.

"할머니, 아빠랑 방금 출발했어요."

전학 간 친구를 만나기로 약속한 날짜가 며칠이나 남았는지

어제도 세어 보고 오늘도 세어 보는 마음.

부끄러워

좋아하는 영민이와 마주치면 얼굴이 빨개져.

잘못을 저질러서 창피하거나 용기가 없어 수줍다. **부끄럽다**

아빠가 친척들 앞에서 춤을 춰 보라고 할 때
몸이 비비 꼬이면서 얼굴이 빨개지며 드는 마음.

스스로 척척 옷을 갈아입는 동생을 볼 때의 마음.
'나는 엄마에게 옷을 입혀 달라고 하는데…….'

친구가 집에 놀러 왔는데
내 방이 마구 어질러져 있을 때 드는 마음.

부담스러워

친척들 앞에서 엄마, 아빠가 자랑을 늘어놓았어.

어떤 일이 짐처럼 느껴지다. `부담스럽다`

"내 생일에 꼭 와 줘. 선물 꼭 사 오고!"
친하지 않은 친구에게 생일 파티 초대장을 받는 마음.

마음에도 없는 애가 "너도 나 좋아하지?" 하며
말을 걸어 올 때 드는 마음.

"너는 우리 집 기둥이야. 그러니 꼭 1등을 해야 해!"
밥 먹다가 공부 잘하라는 얘기를 들을 때의 마음.

불쌍해

새끼 고양이가 비를 맞는 모습을 보았어.

'어쩌면 좋지?'

남의 처지가 딱해서 가슴 아프다.　**불쌍하다**

'아, 콩쥐 어떡해.'
예쁘고 착한 콩쥐가 구박받는 장면을 읽을 때 드는 마음.

한쪽 날개를 다쳐서 잘 날지 못하는 매미를 바라보는 마음.

지렁이가 길 위에서 말라 가는 모습을 볼 때의 마음.

불안해

엄마도 아빠도 없는 집에 혼자 있어.

'도둑이 들면 어떡하지?'

걱정이 되어 마음이 편하지 않다. **불안하다**

잠금장치가 고장 난 화장실에서 볼일을 볼 때 드는 마음.

'누가 와서 문을 열면 어쩌지.'

발표회에서 피리를 불 때 계이름을 잘못 누를 것만 같은 마음.

엄마가 아끼는 꽃병을 깨트리고 나서

얼마나 혼나게 될지 걱정하는 마음.

불쾌해

태권도장을 다닌 적도 없는 애가
내 발차기가 엉망이라고 말했어.

못마땅하여 기분이 좋지 않다.   **불쾌하다**

두꺼운 책을 다 읽었는데
친구가 "너, 그림만 봤지?"라고 말할 때의 마음.

냉장고에서 생선 썩는 냄새를 맡았을 때의 마음.

내가 공부를 잘하는 건 아니지만
친구가 "넌 공부도 못하잖아!" 하고 말할 때 드는 마음.

불편해

말다툼을 한 언니와 화해하지 않고 자야 해.

마음이 편하지 않고 괴롭다. `불편하다`

신생님한테 거짓말을 한 게 들통날까 봐 걱정하는 마음.

나를 잘 혼내는 삼촌이랑 밥을 같이 먹을 때 드는 마음.

싸운 적이 있는 친구와 짝이 되었을 때 드는 마음.

불행해

엄마와 아빠가 싸우고 있어.

좋지 않은 일로 인해 괴롭거나 슬프다. **불행하다**

하고 싶은 이야기가 있는데
엄마와 아빠 누구도 들어 주지 않을 때의 마음.

새로 산 옷을 입어도 기분이 좋아지지 않는 마음.

웃기는 얘기를 들어도 웃음이 나오지 않는 마음.

뿌듯해

동생이 바지에 오줌을 싸서 옷을 갈아입혀 주었어.

기쁘고 흐뭇한 느낌으로 가득하다. **뿌듯하다**

내 그림이 교실 뒤 게시판에 걸렸을 때 드는 마음.

○

방학 숙제를 다 했을 때 드는 마음.

○

동시를 두 편이나 외웠을 때의 마음.
'내가 이렇게 긴 동시를 외우다니.'

사랑해

내가 사고 싶은 스티커를 사려다가
엄마 머리핀을 샀어.

어떤 사물이나 대상을 아끼고 소중히 여기다.   `사랑하다`

내가 제일 좋아하는 카드를 줘도 아깝지 않은 마음.
"이거 너한테 주고 싶어."

엄마 팔도 주물러 주고 아빠 어깨도 주물러 주는 마음.

동생에게 내 목도리를 벗어 둘러 주는 마음.
"괜찮아, 형은 별로 안 추워."

산뜻해

새로 산 운동화를 신고 산책을 나갔어.

기분이나 느낌이 깨끗하고 시원스럽다. `산뜻하다`

내 방 커튼을 새로 달았을 때의 마음.

지저분한 머리를 말끔하게 깎았을 때의 마음.

파란색 페인트로 칠한 담벼락을 볼 때 드는 마음.

상쾌해

푹 자고 일어나 창문을 열고 기지개를 켜.
'아, 좋은 아침이야.'

기분이 시원하고 산뜻하다.   상쾌하다

목욕을 하고 났을 때 드는 마음.

무더운 여름에 수목원에 가서
시원한 바람을 쐬며 맑은 공기를 들이마실 때 드는 마음.

맑게 갠 하늘을 보면서 새소리를 듣는 마음.

상큼해

친구가 긴 머리를 자르고 단발머리로 나타났어.

보기에 시원스럽고 좋다.   상큼하다

전학 온 친구가 깜찍하게 웃으며 인사하는 모습을 바라보는 마음.

새 신발을 신고 뛰어다니는 동생을 볼 때 드는 마음.

싱그러운 꽃 냄새가 코끝에 닿을 때의 마음.

서러워

언니가 말하는 것은 다 사 주면서
내가 말하는 것은 하나도 사 주지 않아.

답답하고 슬프다. **서럽다**

언니가 강아지랑은 놀아 주면서 나랑은 놀아 주지 않을 때의 마음.
'내가 뚜뚜보다 못하단 말이야?'

오빠보다 훨씬 적게 용돈을 받을 때 드는 마음.

"너는 공부나 해!"
엄마, 아빠가 나만 텔레비전을 못 보게 할 때 드는 마음.

설레

소풍 갈 생각에 잠이 오지 않아.

마음이 들떠서 두근거리다. **실레다**

좋아하는 애와 복도에서 딱 마주쳤을 때의 마음.

꼭 타 보고 싶었던 바나나 보트를 탈 순서가 다가올 때,
출발을 기다리며 구명조끼를 꼭 잡아 볼 때의 마음.

레이스가 예쁜 드레스를 입어 보는 마음.
"공주처럼 한 바퀴 휙 돌아 볼까?"

속상해

세 시간 동안 만든 목걸이의 줄이 끊어져서
구슬이 쏟아져 내렸어.

걱정스럽거나 언짢은 일로 마음이 편하지 않고 괴롭다. **속상하다**

어제까지는 날씨가 맑았는데 소풍 가는 날 비가 올 때의 마음.

"왜 하필 오늘 비가 오는 거야."

좋아하는 애한테 사귀자고 말했다가 딱지를 맞는 마음.

친구들이 나를 빼고 자기들끼리만 놀 때의 마음.

슬퍼

할머니가 입원을 해서 병원에 다녀왔어.

울고 싶을 만큼 마음이 아프고 괴롭다. **슬프다**

엄마한테 혼나고 방에 혼자 있을 때 드는 마음.
'엄마는 왜 잘 알지도 못하면서 맨날 혼내기만 하는 거야.
내가 이렇게 힘들어하는 줄도 모르고.'

잘 크던 햄스터가 죽었을 때 드는 마음.

동화책을 읽다가 자꾸 눈물이 나오려고 할 때의 마음.

신기해

아픈 배를 할머니가 만져 주니 감쪽같이 괜찮아졌어.

믿을 수 없을 정도로 놀랍고 이상하다. **신기하다**

마술사의 손수건에서 장미꽃과 토끼가 나올 때 드는 마음.

'도대체 어떻게 하는 거지?'

◯

덜렁이 오빠가 시험에서 100점을 받았을 때 드는 마음.

◯

내가 엄마 배 속에 있을 때 찍었다는

초음파 사진을 볼 때 드는 마음.

신나

아빠가 끌어 주는 눈썰매를 타고 씽씽 달렸어.

재미있고 즐거워서 기분이 좋아지다. **신나다**

엄마가 그만 공부하고 놀라고 말할 때 드는 마음.
'역시 우리 엄마가 최고야.'

두 배나 오른 용돈을 받는 마음.

소풍을 가기 위해 가족이 모여 김밥을 싸는 마음.

심술 나

엄마한테 혼난 게 속상해서
눈 오는 날에 샌들을 신고 나가겠다고 우겼어.

괜히 고집을 부리는 마음이 생기나. **심술 나다**

아빠한테 혼나고는 문을 쾅 닫고 내 방으로 들어가는 마음.

"밥 안 먹을 테야."

동생만 칭찬하는 엄마 때문에

엄마가 입으라는 옷을 안 입겠다고 우기는 마음.

축구 시합에서 졌다고 공을 화단 쪽으로 차 내는 마음.

쓸쓸해

혼자 밥 먹고 혼자 놀아야 하다니.

마음이 외롭고 슬프다. **쓸쓸하다**

아무도 없이 혼자 시간을 보내야 할 때 드는 마음.
'강아지도 없으니까 더 시간이 안 가는 것 같아.'

혼자 딱지놀이를 할 때의 마음.
'혼자 하려니까 별로 재미가 없네.'

친구들이 내 생일을 축하해 주지 않을 때의 마음.

아파

나랑 놀다가 동생이 팔을 다쳤어.

안타깝고 슬프다. `아프다`

시골에 계신 할아버지가 돌아가셨을 때 드는 마음.

"너는 왜 이렇게 공부를 못하니?"라는 말을 들을 때의 마음.

주인 잃은 강아지가 낑낑대며 우는 모습을 바라보는 마음.

안쓰러워

"모이 많이 먹고 얼른 나으렴."
병아리가 다리를 다쳐서 절뚝절뚝 걸어 다녀.

가엾고 불쌍하다. **안쓰럽다**

텔레비전에서 얼룩말이 사자에게 쫓기는 모습을 볼 때의 마음.

쓰레기 더미를 뒤지는 강아지를 볼 때 드는 마음.

'주인을 잃었나? 밥을 굶었나?'

길 잃은 새끼 고양이가 울면서 어미 고양이를 찾을 때 드는 마음.

안타까워

1등으로 달리다가 결승선 앞에서 넘어졌어.

마음대로 되지 않거나 보기에 딱하여 가슴 아프고 답답하다. **안타깝다**

화장실에 다녀온 사이에 버스가 지나갔을 때의 마음.

"으익, 조금만 빨랐어도."

줄넘기 시합에서 졌을 때의 마음.

"딱 한 개 차이로 졌다니까."

김밥을 말았는데 갑자기 옆구리가 터졌을 때 드는 마음.

야속해

친구가 혼자 우산을 쓰고 가 버렸어.

쌀쌀맞게 행동하는 사람이 마음에 들지 않다. **야속하다**

언니가 나에게는 먹어 보라고도 안 하고
혼자만 과자를 다 먹을 때 드는 마음.

풀도 빌려 가고 삼각자도 빌려 갔던 친구가
내게 가위를 빌려주지 않을 때의 마음.

문구점에 같이 간 오빠가 자기 것만 잔뜩 사고
내게는 아무것도 사 주지 않을 때의 마음.

어이없어

막대에 붙어 있던 아이스크림이 뚝 떨어졌어.

"막대만 빨아 먹었다니까."

너무 엄청나거나 뜻밖의 일을 당해서 기가 막히다.　**어이없다**

학교에 갔는데 개교기념일이었을 때의 마음.

밥을 먹으려고 식구들이 둘러앉았는데
취사 버튼이 안 눌려서 전기밥솥에 쌀이 그대로 있을 때의 마음.

김밥을 집에 두고 소풍을 왔을 때 드는 마음.

억울해

연필을 잃어버린 짝꿍이 이상한 눈으로 쳐다보았어.

"날 의심하는 거야?"

아무 잘못 없이 혼나거나 벌을 받아서 속이 상하고 분하다. **억울하다**

엄마가 방에 들어와서 맨날 게임만 한다고 혼낼 때의 마음.

"신씨 방금 전까지 공부했어요."

동생이 어지른 방을 내가 치울 때 드는 마음.

동생이 화분을 깨뜨렸는데 내가 혼날 때의 마음.

"화분을 깨뜨린 건 민수인데 왜 저만 혼내요?"

얼떨떨해

꼴찌만 안 하면 좋겠다고 생각했는데 1등을 했어.
'내가 다섯 명 중에 1등을 하다니.'

뜻밖의 일로 당황하여 정신이 없고 멍하다. **얼떨떨하다**

집이 엉망이라고 혼날 줄 알았는데
동생도 잘 보고 밥도 챙겨 먹였다고 아빠한테 칭찬받을 때의 마음

아무도 없는 줄 알고 집에 들어갔는데
식구들이 모여 있다가 생일 파티를 열어 줄 때의 마음.

현관문이 열려 있어서 들어갔는데
우리 집이 아니라 옆집이었을 때 드는 마음.

예뻐

입학식 하는 1학년 동생들을 바라보았어.

생김새나 하는 행동이 귀엽고 아름다워 보기에 좋다. `예쁘다`

아빠가 사 온 동물 모양 쿠키를 차마 못 먹겠는 마음.

"곰이 나한테 윙크를 하고 있어!"

○

밥도 잘 먹고 책도 잘 읽고 양치질도 잘하는 동생을 바라보는 마음.

○

"와, 엄청 크다!"

현장 학습을 가서 처음으로 캔 고구마를 바라보는 마음.

외로워

비밀 이야기를 들어 줄 친구가 없어.

혼자 있거나 기댈 곳이 없어 허전하고 쓸쓸하다.　**외롭다**

학교 갔다 돌아왔는데 집에 아무도 없을 때의 마음.

'다 어디 간 거지?'

숨바꼭질을 하고 싶은데 같이 할 친구가 없을 때 드는 마음.

언니가 아픈 나를 돌봐 주지도 않고

혼자 놀기만 할 때 드는 마음.

용감해

치과에 가서 울지 않겠다고 다짐을 했어.

용기가 있으며 씩씩하고 기운차다. **용감하다**

'나는 더 이상 어린애가 아니니까!'

보조 바퀴를 빼고 자전거를 타다 넘어져도 울지 않는 마음.

불길 속으로 뛰어들어 사람을 구해 낸 소방관을 보는 마음.

'나는 커서 소방관 아저씨가 될 거야.'

잘못한 것을 잘못했다고 말하는 마음.

우스워

잠을 자던 동생이 자기 방귀 소리에 놀라서 깼어.

재미가 있어 웃음이 나올 만하다. **우습다**

동생이랑 콧구멍 크게 하기 시합을 할 때 드는 마음.

공을 찼는데 신발만 멀리 날아갈 때의 마음.

엉덩이로 이름을 쓰던 아빠의 바지가 터졌을 때 드는 마음.

울적해

우리 집 강아지가 갑자기 하늘나라로 갔어.

쓸쓸하고 답답하다. **울적하다**

엄마한테 혼나고 나서
방문을 닫고 혼자 책상에 엎드려 있을 때의 마음.

함께 떠들고 놀 친구가 없을 때 드는 마음.

같이 살던 고모가 결혼해서 이사를 간 뒤에 드는 마음.

원망스러워

엄마가 깨우지 않아서 지각했다고 투덜댔지.

못마땅하게 여겨 탓하거나 불만을 가지고 미워하다. **원망스럽다**

조심하지 않아서가 아니라
운동화 바닥이 미끄러워서 넘어졌다고 탓하는 마음.

"야, 다 너 때문이야."
동생이 떠들어서 블록이 넘어졌다고 생각하는 마음.

'돈이 어디로 간 거지?'
주머니가 작아서 돈을 잃어버렸다고 생각하는 마음.

유쾌해

아빠와 함께 유람선을 탔을 때
갈매기들이 날아와서 우리가 내미는 과자를 받아먹었어.

즐겁고 상쾌하다. **유쾌하다**

엄마, 아빠랑 기차를 타고 여행을 가는 마음.

재밌는 영화를 보고 나서 외식하러 가는 마음.

나도 모르게 자꾸 콧노래가 나오는 마음.

자랑스러워

우리 반이 단체 줄넘기 대회에서 상을 받았어.

남에게 드러내어 뽐낼 만한 데가 있다. **자랑스럽다**

엄마가 뜨개질을 배워서 털목도리를 떠 줄 때의 마음.

"진짜야, 우리 엄마는 털옷도 뜰 수 있어."

내가 쓴 동시를 발표해서 친구들에게 박수를 받는 마음.

받아쓰기 시험에서 하나도 틀리지 않았을 때의 마음.

정겨워

학교 앞 문방구에 갔다가

유치원에 다닐 때 가지고 놀던 것과 똑같은 장난감을 보았어.

정이 넘칠 만큼 다정하다. **정겹다**

여름 방학 때 걸어 본 할머니 댁 돌담길을
겨울 방학에도 설이 볼 때 드는 마음.

옆집 아주머니가 떡을 가져왔을 때
엄마도 새로 담근 김치를 내주는 모습을 바라보는 마음.

엄마랑 아빠랑 다정하게 앉아
도란도란 얘기를 나누는 모습을 바라보는 마음.

조마조마해

오빠가 풍선을 크게 불었어.

"그만 불어. 터질 것 같아서 못 보겠어."

앞으로 닥칠 일이 걱정되어 마음이 놓이지 않다. `조마조마하다`

성민이가 내 비밀을 다른 친구에게 말할 것만 같은 마음.

놀이공원에 갔다가 집으로 돌아가는데
귀신의 집에서 봤던 귀신이 골목에서 나올 것만 같은 마음.

텔레비전 속에서 외나무다리를 건너는 염소가
다리에서 떨어질 것만 같은 마음.

좋아

아빠가 들려주는 옛날이야기를 듣다 보면 스르륵 잠이 잘 와.

즐겁고 유쾌하다. **좋다**

방이 세 개인 집으로 이사할 때의 마음.
'이제는 내 방이 생기겠지?'

따뜻한 봄이 와서 내복을 벗을 때의 마음.

집에서 강아지를 키우게 되었을 때의 마음.

즐거워

더운 여름에 튜브를 타고 물놀이를 했어.

흐뭇하고 기분이 좋다. `즐겁다`

잠깐 놀았다고 생각했는데 세 시간도 넘게 지났을 때의 마음.

"친구랑 놀다 보니 시간이 금빙 지나가네."

아빠와 놀이공원에 놀러 가서
엄마가 못 먹게 하는 것들을 실컷 사 먹으면서 놀 때의 마음.

몸도 마음도 가벼워서 붕붕 떠오를 것 같은 마음.

짜증스러워

자려다가 모기가 윙윙거려서 불을 켜면 모기가 안 보여.

'잠 좀 자자.'

보기에 못마땅한 데가 있다.　**짜증스럽다**

날은 더운데 버스가 한참이나 오지 않을 때,
겨우 버스를 탔는데 차가 계속 밀릴 때의 마음.

열심히 양치질을 하다가
구석구석 잘 닦으라는 엄마의 잔소리를 듣는 마음.

방금 엄마 심부름을 했는데
아빠가 또 심부름을 시킬 때 드는 마음.

찜찜해

운동장에서 신나게 노는데
현관문을 잠갔는지 생각이 나지 않는 거야.

만족스럽지 못하거나 걱정스러운 일로 마음에 걸리는 데가 있다.   **찜찜하다**

놀이터에서 주운 돈으로 과자를 사 먹는 마음.
'주인을 찾아 줘야 하나?'

숙제를 하다 말고 놀러 나갈 때 드는 마음.

아빠가 발가락을 만지다가 귤을 까서 줄 때의 마음.

찡해

잃어버린 강아지를 이틀 만에 찾았어.

눈물이 나올 만큼 뭉클하다. **찡하다**

어제 나랑 다툰 짝이 화해하자며 손을 내밀 때의 마음.

"내가 잘못해서 다툰 건데……."

미워했던 영민이가 내 편을 들어 줄 때 드는 마음.

"미안해, 사랑해."

나를 혼내던 엄마가 꼭 안아 줄 때 드는 마음.

창피해

코딱지 파다가 좋아하는 애한테 들켰어.

떳떳하지 못한 일로 몹시 부끄럽다. **창피하다**

유치원에 다니는 동생의 과자를 뺏어 먹으려다
결국 싸우고 밀었을 때의 마음.

주사를 맞지 않겠다고 떼를 쓸 때 드는 마음.

넘어졌다고 울다가 드는 마음.

철렁해

횡단보도에서 길을 건너려고 하는데
자동차가 쌩 지나갔어.

크게 놀라 가슴이 설레다. **철렁하다**

강아지를 잃어버린 줄 알았는데
식탁 밑에서 가만히 자고 있을 때 드는 마음.

○

컵을 놓쳤는데 다행히 깨지지 않았을 때의 마음.

○

"자, 이 문제 풀어 볼래?"
선생님이 가리킨 사람이 나인 줄 알았는데
내 뒤에 앉은 친구일 때 드는 마음.

초조해

병원에서 주사 맞을 차례가 다가오는 거야.
'차라리 빨리 주사를 맞는 게 낫겠어.'

애가 타서 마음이 조마조마하다. `초조하다`

하수구에 빠진 새끼 고양이가
무사히 구조되기를 기다리는 마음.

엄마랑 만든 쿠키가 잘 구워져 나오기를 기다리는 마음.

좋아하는 애한테 고백을 한 뒤에
그 애가 어떤 말을 할지 궁금해하는 마음.

통쾌해

아빠랑 청소하기 가위바위보를 해서 내가 이겼지.

일이 뜻대로 이루어져 즐겁고 유쾌하다. **통쾌하다**

축구할 때 맨날 헛발질만 하던 내가 두 골이나 넣었을 때의 마음.
'지기만 하던 우리 팀이 3 대 0으로 이기다니.'

나를 놀리던 형과 씨름을 해서 이겼을 때 드는 마음.
'내가 하마같이 큰 형을 넘어뜨렸어.'

훌라후프 돌리기에서 꼴찌만 하다가 1등을 했을 때의 마음.

편안해

엄마 팔을 베고 누워서 잠들길 기다리는 내 마음.

몸과 마음이 힘들거나 괴롭지 않고 좋다. **편안하다**

숙제를 다 하고 나서
푹신푹신한 소파에 앉아 텔레비전을 보는 마음.

따뜻한 방바닥에 엎드려서 좋아하는 책을 읽는 마음.

언니와 함께 쓰던 침대를 혼자 쓰게 되었을 때의 마음.

평화로워

새근새근 자는 아기를 바라보았어.
'아기가 참 잘 자는구나.'

걱정과 불안이 없이 평온하다. **평화롭다**

시골에 있는 목장에 놀러 가서
들판에서 풀 먹는 양 떼를 바라보는 마음.

동생과 싸우지 않고 잘 지내는 마음.

강아지가 젖 먹는 모습을 바라보는 마음.

행복해

우리 가족이 빙 둘러앉아
서로 어깨를 주물러 주었어.

기쁘고 즐겁고 만족을 느끼다. `행복하다`

아빠가 밀어 주는 그네를 타고서
우주까지 날아갈 수 있을 것만 같은 마음.

가족끼리 소풍을 가서 김밥을 먹다가
하나 남은 김밥을 서로 입에 넣어 주려 할 때의 마음.

우리 집이 케이크처럼 달콤하게 느껴지는 마음.

허무해

줄넘기 대회에 나가려고 연습을 열심히 했는데
갑자기 대회가 열리지 않게 되었어.

아무 의미나 보람이 없이 허전하고 쓸쓸하다. **허무하다**

선생님 앞에서 구구단 2단도 외우지 못했을 때 드는 마음.

'혼자 외울 때는 잘했는데.'

시골 할머니 집에 가지 못하게 되었을 때의 마음.

'선물까지 준비했는데…….'

아빠 따라 물을 뜨러 약수터에 갔는데

물이 나오지 않을 때 드는 마음.

허전해

치과에 가서 이를 뽑고 돌아온 날
혀로 이가 있던 자리를 자꾸 더듬어 보게 돼.

마음이 텅 빈 것처럼 서운한 느낌이 있다. **허전하다**

우리 집에 놀러 와서 세 밤이나 같이 잤던 사촌 언니가

집으로 돌아가고 난 뒤에 드는 마음.

○

놀이터에 있던 커다란 나무가

태풍에 쓰러져 베어지고 없을 때 드는 마음.

○

우리 집에 이틀 동안 맡겼던 강아지를

이모가 찾아간 뒤에 드는 마음.

허탈해

엄청 고민해서 선물을 샀는데
엄마 생일이 아니었어.

기운이 빠지고 정신이 멍하다.   **허탈하다**

아빠가 킥보드를 사 온다고 하고서는
빈손으로 왔을 때 드는 마음.

이길 줄 알았던 축구 시합에서 졌을 때의 마음.
'끝나기 직전에 두 골이나 먹다니.'

코딱지를 파는데 다 나왔던 코딱지가 쏙 들어갈 때의 마음.

화나

엄마가 큰 소리로 야단치면

나도 큰 소리로 말대꾸를 하고 싶어져.

마음에 들지 않거나 기분이 나빠서 불쾌한 마음이 생기다. **화나다**

두 시간 동안 완성한 만들기 숙제를
동생이 망쳤을 때 드는 마음.

오빠가 말도 없이 내 색연필을 가져다 쓸 때의 마음.
"내가 오빠 크레파스 가져다 썼을 때 오빠도 소리 질렀잖아."

내가 컴퓨터 오래 했다고 아빠가 혼낼 때 드는 마음.
'아빠는 맨날 게임하면서, 나한테만……'

후련해

오해가 생겨서 말다툼한 친구와 화해를 했어.

답답한 것이 풀려서 시원스럽다. **후련하다**

엄마한테 거짓말했던 것을 털어놓는 마음.

'휴, 사실대로 말하길 잘했어.'

실컷 울고 나니 오히려 괜찮아지는 마음.

아빠한테 하고 싶었던 말을 다 했을 때의 마음.

"자, 이젠 아빠도 내게 비밀 얘기를 해 봐."

훈훈해

할머니가 준 세뱃돈을 불우 이웃 돕기 성금으로 냈지.

정겹고 따스하다. **훈훈하다**

아빠가 쉬는 날 아침에
경비 아저씨와 함께 눈을 쓰는 모습을 바라보는 마음.

할머니가 끌고 가는 손수레를 밀어 주는 마음.
"다음에도 밀어 드릴게요."

엄마가 장조림을 만들 때
혼자 사는 옆집 할머니 것도 같이 만드는 마음.

흐뭇해

어질러진 방을 깨끗하게 청소했어.

'청소 끝.'

마음에 들어 기분이 좋다.　`흐뭇하다`

어려운 숙제를 다 했을 때의 마음.

'역시, 나는 좀 대단한 것 같아.'

1년 동안 지각이랑 결석을 한 번도 하지 않았을 때의 마음.

숨은그림찾기에서 숨은 그림을 다 찾았을 때 드는 마음.